한전KDN

직업기초능력평가

모의고사

제 1 회	영 역	수리능력, 의사소통능력, 문제해결능력, 대인관계능력, 정보능력, 조직이해능력, 직업윤리
	문항수	50문항
	시 간	60분
	비 고	객관식 4지선다형

SEOWONGAK

(주)서원각

1. S마을에서는 마을 공동 태양광 설비를 마련하기로 하였다. 각 가구의 경제적 상황과 여건들을 감안하여 A, B, C, D 네 가구가 다음과 같은 조건으로 공동 투자를 하였다. 다음 중 A가구가 투자한 금액은 얼마인가?

- A의 투자금은 C와 D의 투자금을 합한 금액의 40%이다.
- A, B, D의 투자금을 합한 금액은 C의 투자금의 4배 금액이다.
- B는 C보다 100만 원을 더 냈다.
- A와 B의 투자금을 합한 금액이 C의 투자금의 2배와 D의 투자금을 합한 금액과 같다.

① 약 64만 원

② 약 67만 원

③ 약 70만 원

④ 약 72만 원

2. 제품 한 개당 무게의 비가 5:4인 A, B 두 종류의 제품이 각각 창고에 적재되어 있다. 처음 두 창고에 적재된 총 A, B제품들의 무게는 서로 동일하였으나, A, B제품을 각각 20개씩 출고하였더니 나머지 적재된 두 제품의 총 무게 비율은 4:5가 되었다. 이 때 처음에 창고에 넣은 A, B제품 개수의 합은 얼마인가?

① 80개

② 81개

③ 82개

④ 83개

3. 지난달에 K사에서 245L의 기름을 사는 데 392,000원이 들었다. K사에서 지금 기름을 사려는데, 지난달에 비해 원유 값은 1/8만큼 올랐고 기름 값의 10%를 차지하던 세금은 1/20만큼 올랐다. 현재 1L의 기름 값은 얼마인가? (단, 기름 판매상의 마진과 기타 비용은 고려하지 않으며, 기름 값은 '원유 값+세금'으로 계산한다.)

① 1,725원

② 1,748원

③ 1,770원

④ 1,788원

4. 다음은 서울 시민의 '이웃에 대한 신뢰도'를 나타낸 자료이다. 다음 자료를 올바르게 분석하지 못한 것은 어느 것인가?

(단위 : %, 10점 만점)

구분		신뢰하지 않음	보통	신뢰함	평균 (10점)
전체		18.9	41.1	40.0	5.54
성	남성	18.5	42.2	39.3	5.54
	여성	19.2	40.1	40.7	5.54
연령	10대	22.6	38.9	38.5	5.41
	20대	21.8	41.6	36.5	5.35
	30대	18.9	42.8	38.2	5.48
	40대	18.8	42.4	38.8	5.51
	50대	17.0	42.0	41.1	5.65
	60세 이상	17.2	38.2	44.6	5.70

① 서울 시민 10명 중 4명은 이웃을 신뢰한다.

② 이웃을 신뢰하는 사람의 비중과 평점의 연령별 증감 추이는 동일하지 않다.

③ 20대 이후 연령층에서는 고령자일수록 이웃을 신뢰하는 사람의 비중이 더 높다.

④ 남성과 여성은 같은 평점을 주었으나, 이웃을 신뢰하는 사람의 비중은 남성이 1% 이상 낮다.

5. 다음 표는 A지역 전체 가구를 대상으로 원자력발전소 사고 전·후 식수 조달원 변경에 대해 사고 후 설문조사한 결과이다. 사고 전에 비해 사고 후에 이용 가구 수가 감소한 식수 조달원의 수는 몇 개인가? (단, A지역 가구의 식수 조달원은 수돗물, 정수, 약수, 생수로 구성되며, 각 가구는 한 종류의 식수 조달원만 이용한다.)

〈원자력발전소 사고 전·후 A지역 조달원별 가구 수〉

(단위 : 가구)

사고 전 조달원 \ 사고 후 조달원	수돗물	정수	약수	생수
수돗물	40	30	20	30
정수	10	50	10	30
약수	20	10	10	40
생수	10	10	10	40

① 0개

② 1개

③ 2개

④ 3개

6. 다음은 A 공사의 연도별 임직원 현황에 관한 자료이다. 이에 대한 설명 중 옳은 것을 모두 고르면?

구분	연도	2013	2014	2015
국적	한국	9,566	10,197	9,070
	중국	2,636	3,748	4,853
	일본	1,615	2,353	2,749
	대만	1,333	1,585	2,032
	기타	97	115	153
	계	15,247	17,998	18,857
고용형태	정규직	14,173	16,007	17,341
	비정규직	1,074	1,991	1,516
	계	15,247	17,998	18,857
연령	20대 이하	8,914	8,933	10,947
	30대	5,181	7,113	6,210
	40대 이상	1,152	1,952	1,700
	계	15,247	17,998	18,857
직급	사원	12,365	14,800	15,504
	간부	2,801	3,109	3,255
	임원	81	89	98
	계	15,247	17,998	18,857

> ㉠ 매년 일본, 대만 및 기타 국적 임직원 수의 합은 중국 국적 임직원 수보다 많다.
> ㉡ 매년 전체 임직원 중 20대 이하 임직원이 차지하는 비중은 50% 이상이다.
> ㉢ 2014년과 2015년에 전년대비 임직원수가 가장 많이 증가한 국적은 모두 중국이다.
> ㉣ 2014년에 국적이 한국이면서 고용형태가 정규직이고 직급이 사원인 임직원은 5,000명 이상이다.

① ㉠, ㉡
② ㉠, ㉢
③ ㉡, ㉣
④ ㉠, ㉢, ㉣

7. 다음은 갑국의 최종에너지 소비량에 대한 자료이다. 이에 대한 설명으로 옳은 것들로만 바르게 짝지어진 것은?

〈2015~2017년 유형별 최종에너지 소비량 비중〉

(단위 : %)

유형 연도	석탄		석유 제품	도시 가스	전력	기타
	무연탄	유연탄				
2015	2.7	11.6	53.3	10.8	18.2	3.4
2016	2.8	10.3	54.0	10.7	18.6	3.6
2017	2.9	11.5	51.9	10.9	19.1	3.7

〈2017년 부문별 유형별 최종에너지 소비량〉

(단위 : 천TOE)

유형 부문	석탄		석유 제품	도시 가스	전력	기타	합
	무연탄	유연탄					
산업	4,750	15,317	57,451	9,129	23,093	5,415	115,155
가정·상업	901	4,636	6,450	11,105	12,489	1,675	37,256
수송	0	0	35,438	188	1,312	0	36,938
기타	0	2,321	1,299	669	152	42	4,483
계	5,651	22,274	100,638	21,091	37,046	7,132	193,832

※ TOE는 석유 환산 톤수를 의미

> ㉠ 2015~2017년 동안 전력소비량은 매년 증가한다.
> ㉡ 2017년에는 산업부문의 최종에너지 소비량이 전체 최종에너지 소비량의 50% 이상을 차지한다.
> ㉢ 2015~2017년 동안 석유제품 소비량 대비 전력 소비량의 비율이 매년 증가한다.
> ㉣ 2017년에는 산업부문과 가정·상업부문에서 유연탄 소비량 대비 무연탄 소비량의 비율이 각각 25% 이하이다.

① ㉠, ㉡
② ㉠, ㉣
③ ㉡, ㉢
④ ㉡, ㉣

8. 3개월의 인턴기간 동안 업무평가 점수가 가장 높았던 甲, 乙, 丙, 丁 네 명의 인턴에게 성과급을 지급했다. 제시된 조건에 따라 성과급은 甲 인턴부터 丁 인턴까지 차례로 지급되었다고 할 때, 네 인턴에게 지급된 성과급 총액은 얼마인가?

- 甲 인턴은 성과급 총액의 1/3보다 20만 원 더 받았다.
- 乙 인턴은 甲 인턴이 받고 남은 성과급의 1/2보다 10만 원을 더 받았다.
- 丙 인턴은 乙 인턴이 받고 남은 성과급의 1/3보다 60만 원을 더 받았다.
- 丁 인턴은 丙 인턴이 받고 남은 성과급의 1/2보다 70만 원을 더 받았다.

① 860만 원   ② 900만 원

③ 940만 원   ④ 960만 원

9. 다음은 우리나라의 경제활동 참가율 및 실업률에 대한 자료이다. 바르게 해석하지 못한 사람은?

(단위 : %)

연도	전체		여성		남성	
	경제활동 참가율	실업률	경제활동 참가율	실업률	경제활동 참가율	실업률
1970	57.6	4.4	39.3	2.8	77.9	5.3
1995	61.9	2.1	48.4	1.7	76.4	2.3
1996	62.1	2.0	48.9	1.6	76.2	2.4
1997	62.5	2.6	49.8	2.3	76.1	2.8
1998	60.6	7.0	47.1	5.7	75.1	7.8
1999	60.6	6.3	47.6	5.1	74.4	7.2
2000	61.0	4.1	48.6	3.3	74.2	4.7
2001	61.3	3.8	49.2	3.1	74.2	4.3
2002	61.9	3.1	49.7	2.5	74.8	3.5
2003	61.4	3.4	49.9	3.1	74.6	3.6

① 1998년의 남성 실업률은 7.8%로 전년대비 5% 증가했는데, 이는 기간 중 가장 큰 폭의 변화이다.

② 전체 실업률이 가장 높은 해에 여성 실업률도 가장 높다.

③ 전체 경제활동참가율은 1970년 이후 증감을 거듭하고 있다.

④ 여성 실업률과 남성 실업률 증감의 추이는 동일하다.

10. 다음은 인천공항의 2018년 6월 항공사별 항공통계이다. 자료를 잘못 분석한 것은?

(단위 : 편, 명, 톤)

항공사	운항		여객		화물	
	도착	출발	도착	출발	도착	출발
대한항공	3,912	3,908	743,083	725,524	51,923	50,722
델타항공	90	90	24,220	23,594	159	694
아시아나항공	2,687	2,676	514,468	504,773	29,220	26,159
에어프랑스	43	43	14,069	14,445	727	751
에어서울	406	406	67,037	67,949	36	53
에어캐나다	60	60	16,885	17,176	630	601
이스타항공	515	514	82,409	84,567	139	53
제주항공	1,305	1,301	224,040	223,959	444	336
진에어	894	893	175,967	177,879	498	422
티웨이항공	672	673	109,497	110,150	106	134
합계	10,584	10,564	1,971,675	1,950,016	83,882	79,925

① 2018년 6월 인천공항에 도착한 대한항공 항공기 수는 같은 기간 인천공항에 도착한 아시아나항공 항공기 수와 제주항공 항공기 수의 합보다 적다.

② 2018년 6월 이스타항공을 이용하여 인천공항에 도착한 여객 수는 같은 기간 인천공항에 도착한 전체 여객 수의 5% 이상이다.

③ 에어프랑스, 에어서울, 에어캐나다를 이용하여 2018년 6월 인천공항에서 출발한 화물의 양은 1,400톤 이상이다.

④ 2018년 6월 제주항공을 이용하여 인천공항에서 출발한 여객 수는 같은 기간 티웨이항공을 이용하여 인천공항에서 출발한 여객 수의 2배 이상이다.

11. 다음은 T공사의 단독주택용지 수의계약 공고문 중 일부이다. 공고문의 내용을 올바르게 이해한 것은 어느 것인가?

○○ 블록형 단독주택용지(1필지) 수의계약 공고

1. 공급대상토지

블록	면적 (㎡)	세대수 (호)	평균 규모 (㎡)	용적률 (%)	공급가격 (천원)	계약보증금 (원)	토지 사용 가능 시기
△△	25,479	63	400	100% 이하	36,944,550	3,694,455,000	즉시

2. 공급일정 및 장소

일정	201x년 xx월 xx일 오전 10시부터 선착순 수의계약 (토·일요일 및 공휴일, 업무시간외는 제외)
장소	T공사 xx 지역본부 xx 사업본부 판매 1부

3. 신청자격

실수요자 : 공고일 현재 주택법에 의한 주택건설사업자로 등록한 자

3년 분할납부(무이자) 조건의 토지매입 신청자
* 납부조건 : 계약체결 시 계약금 10%, 중도금 및 잔금 90%(6개월 단위 6회 납부)

4. 계약체결시 구비서류
 - 법인등기부등본 및 사업자등록증 사본 각 1부
 - 법인인감증명서 1부 및 법인인감도장(사용인감계 및 사용인감)
 - 대표자 신분증 사본 1부(위임시 위임장 1부 및 대리인 신분증 제출)
 - 주택건설사업자등록증 1부
 - 계약금 납입영수증

① 계약 체결이 되면 즉시 해당 토지에 단독주택을 건설할 수 있다.

② 계약 체결 후 첫 번째 내야 할 중도금은 33,250,095,000 원이다.

③ 규모 400㎡의 단독주택용지를 일반 수요자에게 분양하는 공고이다.

④ 계약에 대한 보증금이 공급가격보다 더 높아 실수요자에게 부담을 줄 우려가 있다.

12. 다음 표준 임대차 계약서의 일부를 보고 추론할 수 없는 내용은 어느 것인가?

[임대차계약서 계약조항]

제1조[보증금] 을(乙)은 상기 표시 부동산의 임대차보증금 및 차임(월세)을 다음과 같이 지불하기로 한다.
 • 보증금 : 금○○원으로 한다.
 • 계약금 : 금○○원은 계약 시에 지불한다.
 • 중도금 : 금○○원은 2017년 ○월 ○일에 지불한다.
 • 잔 금 : 금○○원은 건물명도와 동시에 지불한다.
 • 차임(월세) : 금○○원은 매월 말일에 지불한다.

제4조[구조변경, 전대 등의 제한] 을(乙)은 갑(甲)의 동의 없이 상기 표시 부동산의 용도나 구조 등의 변경, 전대, 양도, 담보 제공 등 임대차 목적 외에 사용할 수 없다.

제5조[계약의 해제] 을(乙)이 갑(甲)에게 중도금(중도금 약정이 없는 경우에는 잔금)을 지불하기 전까지는 본 계약을 해제할 수 있는 바, 갑(甲)이 해약할 경우에는 계약금의 2배액을 상환하며 을(乙)이 해약할 경우에는 계약금을 포기하는 것으로 한다.

제6조[원상회복의무] 을(乙)은 존속기간의 만료, 합의 해지 및 기타 해지사유가 발생하면 즉시 원상회복하여야 한다.

① 중도금 약정 없이 계약이 진행될 수도 있다.

② 부동산의 용도를 변경하려면 갑(甲)의 동의가 필요하다.

③ 을(乙)은 계약금, 중도금, 보증금의 순서대로 임대보증금을 지불해야 한다.

④ 중도금 혹은 잔금을 지불하기 전까지만 계약을 해제할 수 있다.

13. 노후준비에 대한 다음 글을 전체 글의 서론으로 가정할 경우, 본론에서 다루어질 사안이라고 보기에 가장 거리가 먼 것은 어느 것인가?

고령화로 인한 기대여명의 상승으로 생애주기에서 노년기가 차지하는 비중이 증가함에 따라 노후준비의 중요성이 커지고 있다. 이로 인해 국가에서는 2015년 6월 노후준비지원법을 제정하고, 12월부터 시행하기에 이르렀다. 노후준비지원법에서는 노후준비 지원을 위한 시책 수립과 시행을 국가와 지자체의 책무로 하고, 국민연금공단에 중앙노후준비지원센터를 지정 운영하도록 하였다. 개인의 노후준비를 국가와 지자체, 공단이 지원토록 함으로써 노후준비를 통해 노년기를 '피하고 싶은 노년'에서 '준비하고 기다리는 노년'으로 인식의 전환을 가져올 수 있으며, 노후준비를 통해 개인의 재무적 문제를 해결함으로써 정부와 사회복지비용과 재정지출을 절감할 수 있으며, 다양한 인적자원 활용을 통해 국가 경쟁력을 제고할 수 있을 뿐만 아니라 고령사회형 신규 일자리 창출 등의 효과를 기대할 수 있다.

성공적인 노후준비는 노년기에 발생할 수 있는 빈곤, 질병, 무위, 고독 등에 대처하는 것을 말하는데, 재무적인 영역뿐만 아니라 비재무적 영역을 포괄하는 개념으로, 노후준비는 노후소득 뿐만 아니라 노년의 삶을 건강하게 보낼 수 있는 다양한 준비를 적절히 하고 있는가에 초점을 맞추어야 한다. 그리고 노후준비가 적절히 이루어지고 있는가를 파악하기 위해서는 노년기 이전부터 노후시기에 이르기까지 노후준비의 실태를 지속적으로 파악할 필요가 있다.

① 노년기 이전의 연금, 보험 등 노년기 이후를 대비한 재무적인 준비
② 거주 지역의 인구 밀집도와 상가, 편의시설 등의 분포 구조 파악
③ 중년층의 주말 여가활동 전반과 변화에 대한 희망 여부 등
④ 대인관계 및 보호자 유무, 가족과의 갈등 상황 등의 현황 파악

14. 다음 글을 통해 알 수 없는 것은?

동아시아 삼국에 외국인이 집단적으로 장기 거주함에 따라 생활의 편의와 교통통신을 위한 근대적 편의시설이 갖춰지기 시작하였다. 이른바 문명의 이기로 불린 전신, 우편, 신문, 전차, 기차 등이 그것이다. 민간인을 독자로 하는 신문은 개항 이후 새롭게 나타난 신문들 가운데 하나이다. 신문(新聞) 혹은 신보(新報)라는 이름부터가 그렇다. 물론 그 전에도 정부 차원에서 관료들에게 소식을 전하는 관보가 있었지만 오늘날 우리가 사용하는 의미에서의 신문은 여기서부터 비롯된다.

1882년 서양 선교사가 창간한 「The Universal Gazette」의 한자 표현이 '천하신문'인 데서 알 수 있듯, 선교사들은 가제트를 '신문'으로 번역했다. 이후 신문이란 말은 "마카오의 신문지를 창조하라."거나 "신문관을 설립하자"는 식으로 중국인들이 자발적으로 활발하게 사용하기 시작했다.

상업이 발달한 중국 상하이와 일본 요코하마에서는 각각 1851년과 1861년 영국인에 의해 영자신문이 창간되어 유럽과 미국 회사들에 필요한 정보를 제공했고, 이윽고 이를 모델로 하는 중국어, 일본어 신문이 창간되었다. 상하이 최초의 중국어 신문은 영국의 민간회사 자림양행에 의해 1861년 창간된 「상하이신보」다. 거기에는 선박의 출입일정, 물가정보, 각종 광고 등이 게재되어 중국인의 필요에 부응했다. 이 신문은 '○○신보'라는 용어의 유래가 된 신문이다. 중국에서 자국인에 의해 발행된 신문은 1874년 상인 황타오에 의해 창간된 중국어 신문 「순후안일보」가 최초이다. 이것은 오늘날 '△△일보'라는 용어의 유래가 된 신문이다.

한편 요코하마에서는 1864년 미국 영사관 통역관이 최초의 일본어 신문 「카이가이신문」을 창간하면서 일본 국내외 뉴스와 광고를 게재했다. 1871년 처음으로 일본인에 의해 일본어 신문인 「요코하마마이니치신문」이 창간되었고, 이후 일본어 신문 창간의 붐이 있었다.

개항 자체가 늦었던 조선에서는 정부 주도하에 1883년 외교를 담당하던 통리아문박문국에서 최초의 근대적 신문 「한성순보」를 창간했다. 그러나 한문으로 쓰인 「한성순보」와는 달리 그 후속으로 1886년 발행된 「한성주보」는 국한문혼용을 표방했다. 한글로 된 최초의 신문은 1896년 독립협회가 창간한 「독립신문」이다. 1904년 영국인 베델과 양기탁 등에 의해 「대한매일신보」가 영문판 외에 국한문 혼용판과 한글전용판을 발간했다. 그밖에 인천에서 상업에 종사하는 사람들을 위한 정보를 알려주는 신문 등 다양한 종류의 신문이 등장했다.

① 중국 상하이와 일본 요코하마에서 창간된 영자신문은 서양 선교사들이 주도적으로 참여하였다.
② 개항 이선에는 관료를 위한 관보는 있었지만, 민간인 독자를 대상으로 하는 신문은 없었다.
③ '○○신보'나 '△△일보'란 용어는 민간이 만든 신문들의 이름에서 기인한다.
④ 일본은 중국보다 자국인에 의한 자국어 신문을 먼저 발행하였다.

15. 다음 글을 논리적으로 바르게 배열한 것은?

> (가) 오늘날까지 인류가 알아낸 지식은 한 개인이 한 평생 체험을 거듭할지라도 그 몇 만분의 일도 배우기 어려운 것이다.
> (나) 가령, 무서운 독성을 가진 콜레라균을 어떠한 개인이 먹어 보아서 그 성능을 증명하려 하면, 그 사람은 그 지식을 얻기 전에 벌써 죽어 버리고 말게 될 것이다.
> (다) 지식은 그 종류와 양이 무한하다.
> (라) 또 지식 중에는 체험으로써 배우기에는 너무 위험한 것도 많다.
> (마) 그러므로 체험만으로써 모든 지식을 얻으려는 것은 매우 졸렬한 방법일 뿐 아니라, 거의 불가능한 일이라 하겠다.

① (다) (가) (라) (나) (마)
② (다) (라) (가) (나) (마)
③ (가) (다) (나) (마) (라)
④ (가) (나) (라) (마) (다)

16. 다음 글의 ( ) 안에 들어갈 말을 순서대로 바르게 나열한 것은?

> **차용증서**
>
> 제1조 : 채권자 "갑"은 200○년 ○○월 ○○일에 금 ○○만 원을 채무자 "을"에게 빌려주고 채무자 "을"은 이것을 차용하였다.
> 제2조 : 차용금의 변제기한은 200○년 ○○월 ○○일로 한다.
> 제3조
> 1) 이자는 월 ○○푼의 비율로 하고 매월 ○○일까지 지불하기로 한다.
> 2) 원리금의 변제를 지체했을 때에는 채무자는 일변 ○○리의 비율에 의한 지연손실금을 (㉠)해서 지불해야 한다.
> 제4조 : 채무의 변제는 채권자 현재의 주소 또는 지정장소에 지참 또는 송금하여 지불한다.
> 제5조 : 채무자 "을"이 다음의 어느 하나에 해당하는 경우에 있어서는 채권자 "갑"으로부터의 통지, 최고 등이 없이도 당연히 기한의 이익을 잃고 채무 전부를 즉시 변제한다.
> 1) 본 건 이자의 지불을 ○○개월분 이상 (㉡)했을 때
> 2) 다른 채무 때문에 강제집행, 집행보전처분을 받거나, 파산 또는 경매의 신청이 있었을 때
> 제6조 : 채무자 "을"은 그 채무불이행 시에는 그의 전 재산에 대해 곧 강제집행에 따를 것을 (㉢)했다.

	㉠	㉡	㉢
①	가산	체납	승낙
②	가산	지체	승낙
③	가산	체납	거부
④	감산	지체	승낙

17. 다음 글에 나타난 아리스토텔레스의 견해에 대한 이해로 가장 적절한 것은?

> 자연에서 발생하는 모든 일은 목적 지향적인가? 자기 몸통보다 더 큰 나뭇가지나 잎사귀를 허둥대며 운반하는 개미들은 분명히 목적을 가진 듯이 보인다. 그런데 가을에 지는 낙엽이나 한밤중에 쏟아지는 우박도 목적을 가질까? 아리스토텔레스는 모든 자연물이 목적을 추구하는 본성을 타고나며, 외적 원인이 아니라 내재적 본성에 따른 운동을 한다는 목적론을 제시한다. 그는 자연물이 단순히 목적을 갖는 데 그치는 것이 아니라 목적을 실현할 능력도 타고나며, 그 목적은 방해받지 않는 한 반드시 실현될 것이고, 그 본성적 목적의 실현은 운동 주체에 항상 바람직한 결과를 가져온다고 믿는다. 아리스토텔레스는 이러한 자신의 견해를 "자연은 헛된 일을 하지 않는다!"라는 말로 요약한다.
>
> 근대에 접어들어 모든 사물이 생명력을 갖지 않는 일종의 기계라는 견해가 강조되면서, 아리스토텔레스의 목적론은 비과학적이라는 이유로 많은 비판에 직면한다. 갈릴레이는 목적론적 설명이 과학적 설명으로 사용될 수 없다고 주장하며, 베이컨은 목적에 대한 탐구가 과학에 무익하다고 평가하고, 스피노자는 목적론이 자연에 대한 이해를 왜곡한다고 비판한다. 이들의 비판은 목적론이 인간 이외의 자연물도 이성을 갖는 것으로 의인화한다는 것이다. 그러나 이런 비판과는 달리 아리스토텔레스는 자연물을 생물과 무생물로, 생물을 식물·동물·인간으로 나누고, 인간만이 이성을 지닌다고 생각했다.
>
> 일부 현대 학자들은, 근대 사상가들이 당시 과학에 기초한 기계론적 모형이 더 설득력을 갖는다는 일종의 교조적 믿음에 의존했을 뿐, 아리스토텔레스의 목적론을 거부할 충분한 근거를 제시하지 못했다고 비판한다. 이런 맥락에서 볼로틴은 근대 과학이 자연에 목적이 없음을 보이지도 못했고 그렇게 하려는 시도조차 하지 않았다고 지적한다. 또한 우드필드는 목적론적 설명이 과학적 설명은 아니지만, 목적론의 옳고 그름을 확인할 수 없기 때문에 목적론이 거짓이라 할 수도 없다고 지적한다.
>
> 17세기의 과학은 실험을 통해 과학적 설명의 참·거짓을 확인할 것을 요구했고, 그런 경향은 생명체를 비롯한 세상의 모든 것이 물질로만 구성된다는 물질론으로 이어졌으며, 물질론 가운데 일부는 모든 생물학적 과정이 물리·화학 법칙으로 설명된다는 환원론으로 이어졌다. 이런 환원론은 살아 있는 생명체가 죽은 물질과 다르지 않음을 함축한다. 하지만 아리스토텔레스는 자연물의 물질적 구성 요소를 알면 그것의 본성을 모두 설명할 수 있다는 엠페도클레스의 견해를 반박했다. 이 반박은 자연물이 단순히 물질로만 이루어진 것이 아니며, 또한 그것의 본성이 단순히 물리·화학적으로 환원되지도 않는다는 주장을 내포한다.
>
> 첨단 과학의 발전에도 불구하고 생명체의 존재 원리와 이유를 정확히 규명하는 과제는 아직 진행 중이다. 자연물의 구성 요소에 대한 아리스토텔레스의 탐구는 자연물이 존재하고 운동하는 원리와 이유를 밝히려는 것이었고, 그의 목적론은 지금까지 이어지는 그러한 탐구의 출발점이라 할 수 있다.

① 자연물의 본성적 운동은 외적 원인에 의해 야기되기도 한다.
② 낙엽의 운동은 본성적 목적 개념으로는 설명되지 않는다.
③ 본성적 운동의 주체는 본성을 실현할 능력을 갖고 있다.
④ 자연물의 목적 실현은 때로는 그 자연물에 해가 된다.

18. 다음은 가족제도의 붕괴, 비혼, 저출산 등 사회적인 이슈에 대해 자유롭게 의견을 나누는 자리에서 직원들 간에 나눈 대화의 일부분이다. 이를 바탕으로 옳게 추론한 것을 모두 고르면?

> 남1 : 가족은 혼인제도에 의해 성립된 집단으로 두 명의 성인 남녀와 그들이 출산한 자녀 또는 입양한 자녀로 이루어져야만 해. 이러한 가족은 공동의 거주, 생식 및 경제적 협력이라는 특성을 갖고 있어.
>
> 여1 : 가족은 둘 이상의 사람들이 함께 거주하면서 지속적인 관계를 유지하는 집단을 말해. 이들은 친밀감과 자원을 서로 나누고 공동의 의사결정을 하며 가치관을 공유하는 등의 특성이 있지.
>
> 남2 : 핵가족은 전통적인 성역할에 기초하여 아동양육, 사회화, 노동력 재생산 등의 기능을 가장 이상적으로 수행할 수 있는 가족 구조야. 그런데 최근 우리사회에서 발생하는 출산율 저하, 이혼율 증가, 여성의 경제활동 참여율 증가 등은 전통적인 가족 기능의 위기를 가져오는 아주 심각한 사회문제야. 그래서 핵가족 구조와 기능을 유지할 수 있는 정책이 필요해.
>
> 여2 : 전통적인 가족 개념은 가부장적 위계질서를 가지고 있었어. 하지만 최근에는 민주적인 가족관계를 형성하고자 하는 의지가 가족 구조를 변화시키고 있지. 게다가 여성의 자아실현 욕구가 증대하고 사회 · 경제적 구조의 변화에 따라 남성 혼자서 가족을 부양하기 어려운 것이 현실이야. 그래서 한 가정 내에서 남성과 여성이 모두 경제활동에 참여할 수 있도록 지원하는 국가의 정책이 필요하다고 생각해.

> ㉠ 남1에 의하면 민족과 국적이 서로 다른 두 남녀가 결혼하여 자녀를 입양한 가정은 가족으로 인정하기 어렵다.
> ㉡ 여1과 남2는 동성(同性) 간의 결합을 가족으로 인정하고 지지할 것이다.
> ㉢ 남2는 아동보육시설의 확대정책보다는 아동을 돌보는 어머니에게 매월 일정액을 지급하는 아동수당 정책을 더 선호할 것이다.
> ㉣ 여2는 무급의 육아휴직 확대정책보다는 육아도우미의 가정파견을 전액 지원하는 국가정책을 더 선호할 것이다.

① ㉠, ㉢   ② ㉡, ㉣
③ ㉢, ㉣   ④ ㉠, ㉡, ㉢

19. 다음 서식을 보고 ㉠과 ㉡에 들어갈 내용을 바르게 짝지은 것은?

〈거래명세표〉

견적명	컴퓨터 / 주변기기 납품		등록번호	123 − 45 − 67890	
견적일자	2018년 8월 1일	공급자	상호	㈜서원각	성명 다파라
㈜WK엔터테인먼트 (귀하)			주소	경기 고양시 일산서구 가좌동 123	
			(㉠)	도매 및 소매업	
			업종	컴퓨터 및 주변장치, 소프트웨어 도매업	

아래와 같이 견적합니다.

공급가액 합계	일금 육백십이만원정(₩6,120,000)				
품명	규격	수량	단가	공급가액	비고
모니터	A형	5	360,000	1,800,000	
본체	B형	5	(㉡)	2,600,000	
프린터	C형	2	360,000	720,000	
주변기기	D형	5	200,000	1,000,000	
합계		17	1,440,000	6,120,000	

특기사항
1. 부가세 포함
2. 계약금 10%
3. 본 견적서는 견적일부터 30일간 유효합니다.

① ㉠ 종목, ㉡ 280,000
② ㉠ 사업, ㉡ 320,000
③ ㉠ 업체, ㉡ 450,000
④ ㉠ 업태, ㉡ 520,000

20. 다음 글에 대한 이해로 적절하지 않은 것은?

외국 통화에 대한 자국 통화의 교환 비율을 의미하는 환율은 장기적으로 한 국가의 생산성과 물가 등 기초 경제 여건을 반영하는 수준으로 수렴된다. 그러나 단기적으로 환율은 이와 괴리되어 움직이는 경우가 있다. 만약 환율이 예상과는 다른 방향으로 움직이거나 또는 비록 예상과 같은 방향으로 움직이더라도 변동 폭이 예상보다 크게 나타날 경우 경제 주체들은 과도한 위험에 노출될 수 있다. 환율이나 주가 등 경제 변수가 단기에 지나치게 상승 또는 하락하는 현상을 오버슈팅(overshooting)이라고 한다. 이러한 오버슈팅은 물가 경직성 또는 금융 시장 변동에 따른 불안 심리 등에 의해 촉발되는 것으로 알려져 있다. 여기서 물가 경직성은 시장에서 가격이 조정되기 어려운 정도를 의미한다.

물가 경직성에 따른 환율의 오버슈팅을 이해하기 위해 통화를 금융 자산의 일종으로 보고 경제 충격에 대해 장기와 단기에 환율이 어떻게 조정되는지 알아보자. 경제에 충격이 발생할 때 물가나 환율은 충격을 흡수하는 조정 과정을 거치게 된다. 물가는 단기에는 장기 계약 및 공공요금 규제 등으로 인해 경직적이지만 장기에는 신축적으로 조정된다. 반면 환율은 단기에서도 신축적인 조정이 가능하다. 이러한 물가와 환율의 조정 속도 차이가 오버슈팅을 초래한다. 물가와 환율이 모두 신축적으로 조정되는 장기에서의 환율은 구매력 평가설에 의해 설명되는데, 이에 의하면 장기의 환율은 자국 물가 수준을 외국 물가 수준으로 나눈 비율로 나타나며, 이를 균형 환율로 본다. 가령 국내 통화량이 증가하여 유지될 경우 장기에서는 자국 물가도 높아져 장기의 환율은 상승한다. 이때 통화량을 물가로 나눈 실질 통화량은 변하지 않는다.

그런데 단기에는 물가의 경직성으로 인해 구매력 평가설에 기초한 환율과는 다른 움직임이 나타나면서 오버슈팅이 발생할 수 있다. 가령 국내 통화량이 증가하여 유지될 경우, 물가가 경직적이어서 실질 통화량은 증가하고 이에 따라 시장 금리는 하락한다. 국가 간 자본 이동이 자유로운 상황에서, 시장 금리 하락은 투자의 기대 수익률 하락으로 이어져, 단기성 외국인 투자 자금이 해외로 빠져나가거나 신규 해외 투자 자금 유입을 위축시키는 결과를 초래한다. 이 과정에서 자국 통화의 가치는 하락하고 환율은 상승한다. 통화량의 증가로 인한 효과는 물가가 신축적인 경우에 예상되는 환율 상승에, 금리 하락에 따른 자금의 해외 유출이 유발하는 추가적인 환율 상승이 더해진 것으로 나타난다. 이러한 추가적인 상승 현상이 환율의 오버슈팅인데, 오버슈팅의 정도 및 지속성은 물가 경직성이 클수록 더 크게 나타난다. 시간이 경과함에 따라 물가가 상승하여 실질 통화량이 원래 수준으로 돌아오고 해외로 유출되었던 자금이 시장 금리의 반등으로 국내로 복귀하면서, 단기에 과도하게 상승했던 환율은 장기에는 구매력 평가설에 기초한 환율로 수렴된다.

① 환율의 오버슈팅이 발생한 상황에서 물가 경직성이 클수록 구매력 평가설에 기초한 환율로 수렴되는 데 걸리는 기간이 길어질 것이다.

② 환율의 오버슈팅이 발생한 상황에서 외국인 투자 자금이 국내 시장 금리에 민감하게 반응할수록 오버슈팅 정도는 커질 것이다.

③ 물가 경직성에 따른 환율의 오버슈팅은 물가의 조정 속도보다 환율의 조정 속도가 빠르기 때문에 발생하는 것이다.

④ 국내 통화량이 증가하여 유지될 경우 장기에는 실질 통화량이 변하지 않으므로 장기의 환율도 변함이 없을 것이다.

21. 오 부장, 최 차장, 박 과장, 남 대리, 조 사원, 양 사원 6명은 주간회의를 진행하고 있다. 둥근 테이블에 둘러 앉아 회의를 하는 사람들의 위치가 다음과 같을 때, 조 사원의 양 옆에 위치한 사람으로 짝지어진 것은 어느 것인가?

- 최 차장과 남 대리는 마주보고 앉았다.
- 박 과장은 오 부장의 옆에 앉았다.
- 오 부장은 회의의 진행을 맡기로 하였다.
- 남 대리는 양 사원이 앉은 기준으로 오른쪽에 앉았다.

① 양 사원, 최 차장

② 양 사원, 남 대리

③ 박 과장, 최 차장

④ 오 부장, 양 사원

22. 다음 네 개의 진술로부터 도출된 결론으로 가장 타당한 것은 어느 것인가?

(가) 자신이 읽은 글을 제대로 분석할 줄 모르는 사람은 모두 인문적 소양이 부족한 사람이다.

(나) 논리학을 공부한 어떤 사람은 자신이 읽은 글을 제대로 분석할 줄 모른다.

(다) 균형 잡힌 비판 능력을 결여한 사람은 그 누구도 정부의 고위 관리 자격을 갖춘 사람이 아니다.

(라) 인문적 소양을 잘 갖추지 못한 사람은 모두 균형 잡힌 비판 능력을 결여한 사람이다.

① 인문적 소양을 갖추기 위해서는 논리학을 공부할 필요가 있다.

② 논리학을 공부한 어떤 사람은 정부의 고위 관리 자격을 갖추지 못하고 있다.

③ 균형 잡힌 비판 능력을 결여한 어떤 사람들은 인문적 소양을 갖추고 있다.

④ 정부의 고위 관리라고 해서 인문적 소양을 잘 갖추고 있는 것은 아니다.

23.

- 오 대리가 출장을 가면 정 사원은 야근을 해야 한다.
- 남 대리가 교육을 받지 못하면 진급 시험 자격을 얻지 못한다.
- 정 사원이 야근을 하면 남 대리가 교육을 받으러 가지 못한다.

① 남 대리가 교육을 받지 못하면 오 대리가 출장을 가야 한다.

② 정 사원가 야근을 하면 오 대리가 출장을 가야 한다.

③ 남 대리가 진급 시험 자격을 얻으려면 오 대리가 출장을 가면 안 된다.

④ 남 대리가 진급 시험 자격을 얻지 못하면 오 대리가 출장을 가지 않은 것이다.

24.

- 자동차 수리를 잘하는 사람은 자전거도 잘 고친다.
- 자동차 수리를 잘하지 못하는 사람은 가전제품도 잘 고치지 못한다.

① 자동차 수리를 잘하지 못하는 사람은 자전거도 잘 고치지 못한다.

② 자전거를 잘 고치는 사람은 가전제품을 잘 고친다.

③ 가전제품을 잘 고치지 못하는 사람은 자동차 수리도 잘하지 못한다.

④ 가전제품을 잘 고치는 사람은 자전거도 잘 고친다.

25. 다음에 제시되는 두 개의 명제를 전제로 할 때, 결론 A, B에 대한 주장으로 알맞은 것은?

명제 1. 등산을 좋아하는 사람 중에는 낚시를 좋아하는 사람도 있다.

명제 2. 골프를 좋아하는 사람은 등산을 좋아하지만, 낚시는 좋아하지 않는다.

결론 A. 등산을 좋아하는 사람 모두가 골프를 좋아하는 사람일 수 있다.

결론 B. 낚시를 좋아하는 사람 모두가 등산을 좋아하는 사람일 수 있다.

① A만 옳다.

② B만 옳다.

③ A, B 모두 옳다.

④ A, B 모두 옳지 않다.

26. 3층짜리 건물인 K빌라에 A, B, C, D, E, F, G, H의 8가구가 다음 〈조건〉과 같이 입주해 살고 있을 경우, 이에 대한 올바른 설명이 아닌 것은 어느 것인가?

〈조건〉

- 건물의 호실 배열은 다음과 같다.

301호	302호	303호	304호
201호	202호	203호	204호
101호	102호	103호	104호

- A가구와 D가구는 위치가 가장 멀리 떨어져 있는 두 호실에 거주한다.
- 1, 2, 3층에는 각각 2가구, 3가구, 3가구가 거주하고 있다.
- G가구는 E가구와 F가구의 사이에 살고 있으며, E가구가 가장 앞 호실이다.
- A가구의 아래층에는 F가구가 살고 있다.
- B, H, C가구 중 두 가구는 좌우 한쪽에만 옆집이 거주한다.

① C가구의 아래층은 항상 E가구가 거주한다.

② 301호는 빈 집이 아니다.

③ 202호는 빈 집이 아니다.

④ 201호는 빈 집이다.

27. 다음 글을 근거로 유추할 경우 옳은 내용만을 바르게 짝지은 것은?

- 9명의 참가자는 1번부터 9번까지의 번호 중 하나를 부여 받고, 동시에 제비를 뽑아 3명은 범인, 6명은 시민이 된다.
- '1번의 오른쪽은 2번, 2번의 오른쪽은 3번, …, 8번의 오른쪽은 9번, 9번의 오른쪽은 1번과 같이 번호 순서대로 동그랗게 앉는다.
- 참가자는 본인과 바로 양 옆에 앉은 사람이 범인인지 시민인지 알 수 있다.
- "옆에 범인이 있다."라는 말은 바로 양 옆에 앉은 2명 중 1명 혹은 2명이 범인이라는 뜻이다.
- "옆에 범인이 없다."라는 말은 바로 양 옆에 앉은 2명 모두 범인이 아니라는 뜻이다.
- 범인은 거짓말만 하고, 시민은 참말만 한다.

㉠ 1, 4, 6, 7, 8번의 진술이 "옆에 범인이 있다."이고, 2, 3, 5, 9번의 진술이 "옆에 범인이 없다."일 때, 8번이 시민임을 알면 범인들을 모두 찾아낼 수 있다.

㉡ 만약 모두가 "옆에 범인이 있다."라고 진술한 경우, 범인이 부여받은 번호의 조합은 (1, 4, 7) / (2, 5, 8) / (3, 6, 9) 3가지이다.

㉢ 한 명만이 "옆에 범인이 없다."라고 진술한 경우는 없다.

① ⓒ

② ⓒ

③ ⓒ, ⓒ

④ ⓒ, ⓒ

28. 신입사원 A는 상사로부터 아직까지 '올해의 K인상' 투표에 참여하지 않은 사원들에게 투표 참여 안내 문자를 발송하라는 지시를 받았다. 다음에 제시된 내용을 바탕으로 할 때, A가 문자를 보내야 하는 사원은 몇 명인가?

'올해의 K인상' 후보에 총 5명(甲~戊)이 올랐다. 수상자는 120명의 신입사원 투표에 의해 결정되며 투표규칙은 다음과 같다.
- 투표권자는 한 명당 한 장의 투표용지를 받고, 그 투표용지에 1순위와 2순위 각 한 명의 후보자를 적어야 한다.
- 투표권자는 1순위와 2순위로 동일한 후보자를 적을 수 없다.
- 투표용지에 1순위로 적힌 후보자에게는 5점이, 2순위로 적힌 후보자에게는 3점이 부여된다.
- '올해의 K인상'은 개표 완료 후, 총 점수가 가장 높은 후보자가 수상하게 된다.
- 기권표와 무효표는 없다.

현재 투표까지 중간집계 점수는 다음과 같다.

후보자	중간집계 점수
甲	360점
乙	15점
丙	170점
丁	70점
戊	25점

① 50명

② 45명

③ 40명

④ 35명

│29~30│ 다음은 블루투스 이어폰을 구매하기 위하여 전자제품 매장을 찾은 K씨가 제품 설명서를 보고 점원과 나눈 대화와 설명서 내용의 일부이다. 다음을 보고 이어지는 물음에 답하시오.

K씨: "블루투스 이어폰을 좀 사려고 합니다."
점원: "네 고객님, 어떤 조건을 원하시나요?"
K씨: "제 것과 친구에게 선물할 것 두 개를 사려고 하는데요, 두 개 모두 가볍고 배터리 사용시간이 좀 길었으면 합니다. 무게는 42g까지가 적당할 거 같고요. 저는 충전시간이 짧으면서도 통화시간이 긴 제품을 원해요. 선물하려는 제품은요, 일주일에 한 번만 충전해도 통화시간이 16시간은 되어야 하고, 음악은 운동하면서 매일 하루 1시간씩만 들을 수 있으면 돼요. 스피커는 고감도인 게 더 낫겠죠."
점원: "그럼 고객님께는 (   )모델을, 친구 분께 드릴 선물로는 (   )모델을 추천해 드립니다."

〈제품 사양서〉

구분	무게	충전 시간	통화 시간	음악 재생시간	스피커 감도
A모델	40.0g	2.2H	15H	17H	92db
B모델	43.5g	2.5H	12H	14H	96db
C모델	38.4g	3.0H	12H	15H	94db
D모델	42.0g	2.2H	13H	18H	85db

※ A, B모델 : 통화시간 1시간 감소 시 음악재생시간 30분 증가

※ C, D모델 : 음악재생시간 1시간 감소 시 통화시간 30분 증가

29. 다음 중 위 네 가지 모델에 대한 설명으로 옳은 것을 〈보기〉에서 모두 고르면?

〈보기〉
㈎ 충전시간 당 통화시간이 긴 제품일수록 음악재생시간이 길다.
㈏ 충전시간 당 통화시간이 5시간 이상인 것은 A, D모델이다.
㈐ A모델은 통화에, C모델은 음악재생에 더 많은 배터리가 사용된다.
㈑ B모델의 통화시간을 10시간으로 제한하면 음악재생시간을 C모델과 동일하게 유지할 수 있다.

① ㈎, ㈏

② ㈏, ㈑

③ ㈐, ㈑

④ ㈎, ㈐

30. 다음 중 점원이 K씨에게 추천한 빈칸의 제품이 순서대로 올바르게 짝지어진 것은 어느 것인가?

K씨	선물
① C모델	A모델
② C모델	D모델
③ A모델	C모델
④ A모델	B모델

31. 리더는 조직원들에게 지속적으로 자신의 잠재력을 발휘하도록 만들기 위한 외적인 동기유발제 그 이상을 제공해야 한다. 이러한 리더의 역량이라고 볼 수 없는 것은?

① 높은 성과를 달성한 조직원에게는 곧바로 따뜻한 말이나 칭찬으로 보상해 준다.

② 직원들이 자신의 업무에 책임을 지도록 하는 환경 속에서 일할 수 있게 해 준다.

③ 직원 자신이 권한과 목적의식을 가지고 있는 중요한 사람이라는 사실을 느낄 수 있도록 이끌어 준다.

④ 조직을 위험에 빠지지 않도록 리스크 관리를 철저히 하여 안심하고 근무할 수 있도록 해 준다.

32. 다음 중 '팀원들의 강점을 잘 활용하여 팀 목표를 달성하는 효과적인 팀'의 핵심적인 특징으로 적절하지 않은 것을 모두 고르면?

> 가. 팀의 사명과 목표를 명확하게 기술한다.
> 나. 창조적으로 운영된다.
> 다. 결과보다 과정과 방법에 초점을 맞춘다.
> 라. 역할과 책임을 명료화시킨다.
> 마. 개인의 강점을 활용하기보다 짜인 시스템을 활용한다.
> 바. 팀원 간에 멤버십 역할을 공유한다.
> 사. 의견의 불일치를 건설적으로 해결한다.
> 아. 의사소통에 있어 보안유지를 철저히 준수한다.
> 자. 객관적인 결정을 내린다.

① 다, 마, 바, 아

② 마, 자

③ 다, 사, 이, 자

④ 마, 바, 아, 자

33. 다음 표와 같이 협상의 과정을 5단계로 구분하였을 때, 빈칸에 들어갈 내용으로 적절한 것은?

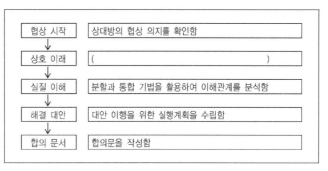

협상 시작	상대방의 협상 의지를 확인함
상호 이래	( )
실질 이해	분할과 통합 기법을 활용하여 이해관계를 분석함
해결 대안	대안 이행을 위한 실행계획을 수립함
합의 문서	합의문을 작성함

① 갈등문제의 진행상황과 현재의 상황을 점검함

② 간접적인 방법으로 협상의사를 전달함

③ 겉으로 주장하는 것과 실제로 원하는 것을 구분하여 실제로 원하는 것을 찾아 냄

④ 협상 안건마다 대안들을 평가함

34. 다음과 같은 팀 내 갈등을 원만하게 해결하기 위하여 팀원들이 함께 모색해 보아야 할 사항으로 가장 적절하지 않은 것은?

> 평소 꼼꼼하고 치밀하며 안정주의를 지향하는 성격인 정 대리는 위험을 감수하거나 모험에 도전하는 일만큼 우둔한 것은 없다고 생각한다. 그런 성격 덕분에 정 대리는 팀 내 경비 집행 및 예산 관리를 맡고 있다. 한편, 정 대리와 입사동기인 남 대리는 디테일에는 다소 약하지만 진취적, 창조적이며 어려운 일에 도전하여 뛰어난 성과를 달성하는 모습을 자신의 장점으로 가지고 있다. 두 사람은 팀의 크고 작은 업무 추진에 있어 주축을 이뤄가며 조화로운 팀을 꾸려가는 일에 늘 앞장을 서 왔지만 왠지 최근 들어 자주 부딪히는 모습이다. 이에 다른 직원들까지 업무 성향별로 나뉘는 상황이 발생하여 팀장은 큰 고민에 빠져있다. 다음 달에 있을 중요한 프로젝트 추진을 앞두고, 두 사람의 단결된 힘과 각자의 리더십이 필요한 상황이다.

① 각각의 주장을 검토하여 잘못된 부분을 지적하고 고쳐주는 일

② 어느 한쪽으로도 치우치지 않고 중립을 지키는 일

③ 차이점보다 유사점을 파악하도록 돕는 일

④ 다른 사람들을 참여시켜서 개방적으로 토의하게 하는 일

35. 다음은 고객 불만 처리 프로세스를 도식화한 그림이다. 이 중 '정보파악'의 단계에서 이루어지는 행위를 〈보기〉에서 모두 고른 것은?

| 경청 | → | 감사와
공감표시 | → | 사과 | → | 해결약속 |

| 피드백 | ← | 처리확인
과 사과 | ← | 신속
처리 | ← | 정보파악 |

〈보기〉
(가) 고객의 항의에 선입관을 버리고 경청하며 문제를 파악한다.
(나) 문제해결을 위해 고객에게 필수적인 질문만 한다.
(다) 고객에게 어떻게 해주면 만족스러운 지를 묻는다.
(라) 고객 불만의 효과적인 근본 해결책은 무엇인지 곰곰 생각해 본다.

① (가), (나), (다)
② (가), (나), (라)
③ (가), (다), (라)
④ (나), (다), (라)

36. 다음은 ISBN 코드와 13자리 번호체계를 설명하는 자료이다. 다음 내용을 참고로 할 때, 빈칸 'A'에 들어갈 마지막 '체크기호'의 숫자는 무엇인가?

ISBN 978-3-16-148410-0

50998>

9 783161 484100

국가번호   서명식별번호
↓   ↓
ISBN 978 - 3 - 16 - 148410 - 0
                접두부 발행자번호   체크기호

〈체크기호 계산법〉
• 1단계 – ISBN 처음 12자리 숫자에 가중치 1과 3을 번갈아 가며 곱한다.
• 2단계 – 각 가중치를 곱한 값들의 합을 계산한다.
• 3단계 – 가중치의 합을 10으로 나눈다.
• 4단계 – 3단계의 나머지 값을 10에서 뺀 값이 체크기호가 된다. 단 나머지가 0인 경우의 체크기호는 0이다.

ISBN 938 - 15 - 93347 - 12 - A

① 5
② 6
③ 7
④ 8

37. 다음에서 알 수 있는 슈펭글러의 사례가 우리 사회에 발생하지 않도록 하기 위한 적절한 제도적 장치로 가장 거리가 먼 것은?

2000년대 초, 독일 카셀의 폭스바겐 공장에서 근무하던 슈펭글러는 믿을 수 없는 장면을 목격했다. 폭스바겐 내에서 공금 유용과 비용 부풀리기를 이용한 착복 등이 일어나고 있었던 것이다. 슈펭글러가 확인한 바에 따르면 이는 일부 몇몇 직원의 일탈이 아니라 노조까지 연루된 부패 사건이었다. 그는 이 사실을 직속 상사와 감사담당관, 경영진에게 알렸으나, 몇 해가 지나도록 그들은 묵묵부답이었다.

2003년, 회사에 알리는 것만으로는 이를 해결할 수 없다는 걸 깨달은 슈펭글러는 주주들과 감독이사회에 편지를 보내기에 이른다. 하지만 며칠 뒤 그가 받은 답변은 슈펭글러 자신의 해고 통지였다. 부정행위로 회사의 공금이 새고 있음을 고발한 대가는 가혹했다. 슈펭글러는 긴 시간 동안 법정 투쟁 속에 힘든 싸움을 이어가야 했으며, 수년 후에야 검찰 수사를 통해 슈펭글러가 고발한 사내 부패문제가 밝혀졌다.

① 직원의 신원은 확실히 보호되고 모든 제보가 진지하게 다루어지며 제기된 문제는 적절하게 조사된다는 내용이 명확하게 명시된 정책을 운영해야 한다.

② 개인의 불평불만과도 관련될 수 있으므로 인사부 직원을 중심으로 한 '고충신고라인' 등의 제도와 연계시키는 정책을 추진하여야 한다.

③ 조직 내의 모든 관리자와 직원은 물론 외부 이해관계자까지 포함하는 포괄적인 정책이 마련되어야 한다.

④ 고발 행위는 자발적인 행동이 아니라 의무가 돼야 하고 이 의무는 정책에서 분명하게 설명되어야 한다.

38. 다음은 채용비리와 관련한 실태와 문제점을 제기한 글이다. 다음 글에서 제기된 문제점을 보완할 수 있는 방안으로 적절한 것을 〈보기〉에서 모두 고른 것은?

공직 유관단체 채용비리 특별점검 결과 272개 대상 기관 중 200개 기관에서 적발 건이 발생되었다. 적발 건수의 합계는 무려 946건으로 기관 당 평균 5건에 육박하는 수치이다. 그러나 채용비리 연루자 및 부정합격자 등에 대한 제재 근거 미흡하다는 지적이 제기되고 있다. 공직유관단체 대다수의 기관이 채용비리 연루 직원 업무배제, 면직, 부정합격자 채용취소 등에 관한 내부 규정 미비로 인하여 연루 기관장 등 임원에 대한 해임 이외의 다른 제재수단이 없는 것을 드러났다. 채용비리 연루자 중 수사의뢰(징계요구)된 기관의 임직원에 대해 근거규정이 없어 업무배제가 불가하며, 범죄사실과 징계여부가 확정되기까지는 최소 3개월의 시간이 소요된다는 것 또한 문제점을 해소하는 데 걸림돌이 되고 있다.

〈보기〉
㈎ 채용비리 예방을 위해 부정청탁 또는 비리 내용을 홈페이지 등에 공개한다.
㈏ 채용비리로 수사의뢰 되거나 징계 의결 요구된 경우 해당 직원을 즉시 업무 배제할 수 있는 근거를 마련한다.
㈐ 채용비리의 징계시효를 연장하는 규정을 마련한다.
㈑ 채용 관리 및 면접 위원 구성의 투명성과 평가 기준의 공정성을 확보한다.

① ㈎, ㈏, ㈐, ㈑
② ㈏, ㈐, ㈑
③ ㈎, ㈐, ㈑
④ ㈎, ㈏, ㈑

39. 조직의 개념을 다음과 같이 구분할 때, 비공식조직(A)과 비영리조직(B)을 알맞게 짝지은 것은 어느 것인가?

조직은 공식화 정도에 따라 공식조직과 비공식조직으로 구분할 수 있다. 공식조직은 조직의 구조, 기능, 규정 등이 조직화되어 있는 조직을 의미하며, 비공식조직은 개인들의 협동과 상호작용에 따라 형성된 자발적인 집단 조직이다. 즉, 비공식조직은 인간관계에 따라 형성된 것으로, 조직이 발달해 온 역사를 보면 비공식조직으로부터 공식화가 진행되어 공식조직으로 발전해 왔다.

또한 조직은 영리성을 기준으로 영리조직과 비영리조직으로 구분할 수 있다. 영리조직은 기업과 같이 이윤을 목적으로 하는 조직이며, 비영리조직은 공익을 추구하는 기관이나 단체 등이 해당한다.

조직을 규모로 구분하여 보았을 때, 가족 소유의 상점과 같이 소규모 조직도 있지만, 대기업과 같이 대규모 조직도 있으며, 최근에는 다국적 기업도 증가하고 있다. 다국적 기업이란 동시에 둘 이상의 국가에서 법인을 등록하고 경영활동을 벌이는 기업을 의미한다.

	(A)	(B)
①	사기업	시민 단체
②	병원	대학
③	계모임	종교 단체
④	대기업	소규모 빵집

40. 다음 〈보기〉에 제시되고 있는 활동들은 기업 경영에 필요한 전략을 설명하고 있다. 설명된 전략들에 해당하는 것은 어느 것인가?

〈보기〉
- 모든 고객을 만족시킬 수는 없다는 것과 회사가 모든 역량을 가질 수는 없다는 것을 전제로 선택할 수 있는 전략이다.
- 기업이 고유의 독특한 내부 역량을 보유하고 있는 경우에 더욱 효과적인 전략이다.
- 사업 목표와 타당한 틈새시장을 찾아야 한다.
- 다양한 분류의 방법을 동원하여 고객을 세분화한다.

① 차별화 전략
② 집중화 전략
③ 비교우위 전략
④ 원가우위 선략

41. 다음은 어느 회사의 사원 입사월일을 정리한 자료이다. 아래 워크시트에서 [C4] 셀에 수식 '=EOMONTH(C3,1)'를 입력하였을 때 결과 값은? (단, [C4] 셀에 설정되어 있는 표시형식은 '날짜'이다)

	A	B	C
1	성명	성별	입사월일
2	구현정	여	2013-09-07
3	황성욱	남	2014-03-22
4	최보람	여	
5			

① 2014-04-30

② 2014-03-31

③ 2014-02-28

④ 2013-09-31

42. 다음 워크시트에서 [A1:B2] 영역을 선택한 후 채우기 핸들을 사용하여 드래그 했을 때 [A5:B5]영역 값으로 바르게 짝지은 것은?

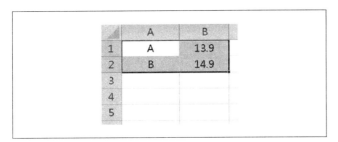

① A, 15.9

② B, 17.9

③ A, 17.9

④ C, 14.9

43. 다음 워크시트에서 수식 '=POWER(A3, A2)'의 결괏값은 얼마인가?

	A
1	1
2	3
3	5
4	7
5	9
6	11

① 5

② 81

③ 49

④ 125

44. 다음 워크시트에서처럼 주민등록번호가 입력되어 있을 때, 이 셀의 값을 이용하여 [C1] 셀에 성별을 '남' 또는 '여'로 표시하고자 한다. [C1] 셀에 입력해야 하는 수식은? (단, 주민등록번호의 8번째 글자가 1이면 남자, 2이면 여자이다)

	A	B	C
1	임나라	870808-2235672	
2	정현수	850909-1358527	
3	김동하	841010-1010101	
4	노승진	900202-1369752	
5	은봉미	890303-2251547	

① =CHOOSE(MID(B1,8,1), "여", "남")

② =CHOOSE(MID(B1,8,2), "남", "여")

③ =CHOOSE(MID(B1,8,1), "남", "여")

④ =IF(RIGHT(B1,8)="1", "남", "여")

45. 다음은 H회사의 승진후보들의 1차 고과 점수 및 승진시험 점수이다. "생산부 사원"의 승진시험 점수의 평균을 알기 위해 사용해야 하는 함수는 무엇인가?

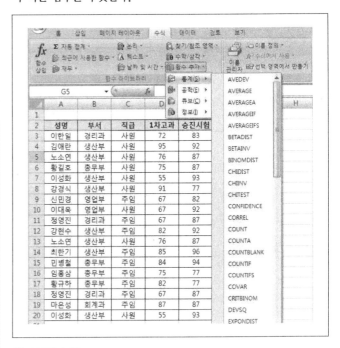

① AVERAGE

② AVERAGEA

③ AVERAGEIF

④ AVERAGEIFS

〈예시〉

2010년 12월에 중국 '2 Stars' 사에서 생산된 아웃도어 신발의 15번째 입고 제품
→ 1012 − 1B − 04011 − 00015

생산 연월	공급처		입고 분류		입고품 수량
	원산지 코드	제조사 코드	용품 코드	제품별 코드	
2012년 9월 −1209 2010년 11월 −1011	1 중국	A All−8	01 캐주얼	001 청바지	00001 부터 다섯 자리 시리얼 넘버가 부여됨.
		B 2 Stars		002 셔츠	
		C Facai		003 원피스	
	2 베트남	D Nuyen	02 여성	004 바지	
		E N−sky		005 니트	
	3 멕시코	F Bratos		006 블라우스	
		G Fama		007 점퍼	
	4 한국	H 혁진사	03 남성	008 카디건	
		I K상사		009 모자	
		J 영스타		010 용품	
	5 일본	K 왈러스	04 아웃 도어	011 신발	
		L 토까이		012 래쉬가드	
		M 히스모		013 내복	
	6 호주	N 오즈본	05 베이비	014 바지	
		O Island			
	7 독일	P Kunhe			
		Q Boyer			

46. 2011년 10월에 생산된 '왈러스' 사의 여성용 블라우스로 10,215번째 입고된 제품의 코드로 알맞은 것은 무엇인가?

① 1010 − 5K − 02006 − 00215

② 1110 − 5K − 02060 − 10215

③ 1110 − 5K − 02006 − 10215

④ 1110 − 5L − 02005 − 10215

47. 제품 코드 0810 − 3G − 04011 − 00910에 대한 설명으로 옳지 않은 것은 무엇인가?

① 해당 제품의 입고 수량은 적어도 910개 이상이다.

② 중남미에서 생산된 제품이다.

③ 여름에 생산된 제품이다.

④ 캐주얼 제품이 아니다.

SWOT이란, 강점(Strength), 약점(Weakness), 기회(Opportunity), 위험(Threat)의 머리말을 모아 만든 단어로 경영전략을 수립하기 위한 분석도구이다. SWOT분석을 통해 도출된 조직의 외부/내부 환경을 분석 결과를 통해 각각에 대응하는 도출하게 된다.

SO 전략이란 기회를 활용하면서 강점을 더욱 강화하는 공격적인 전략이고, WO 전략이란 외부환경의 기회를 활용하면서 자신의 약점을 보완하는 전략으로 이를 통해 기업이 처한 국면의 전환을 가능하게 할 수 있다. ST전략은 외부환경의 위험요소를 회피하면서 강점을 활용하는 전략이며, WT 전략이란 외부환경의 위협요인을 회피하고 자사의 약점을 보완하는 전략으로 방어적 성격을 갖는다.

내/외부환경 구분	강점(Strength)	약점(Weakness)
기회(Opportunity)	① SO 전략 (강점, 기회전략)	② WO 전략 (약점, 기회전략)
위협(Threat)	③ ST 전략 (강점, 위협전략)	④ WT 전략 (약점, 위협전략)

48. 휴대폰 제조업체가 실시한 아래 환경 분석결과에 대응하는 전략을 적절하게 분석한 것은 어느 것인가?

강점 (Strength)	−다양한 부가기능 탑재를 통한 성능 우위 −기타 디지털기기 기능의 흡수를 통한 영역확대
약점 (Weakness)	−제품의 수익성 악화 −제품 간 성능, 디자인의 평준화 −국산 제품의 가격경쟁력 약화
기회 (Opportunity)	−신흥시장의 잠재적 수요 −개인 휴대용기기의 대중화
위협 (Threat)	−전자제품의 사용기간 단축 −MP3폰 등 기타 디지털기기와의 경쟁 심화

내/외부환경 구분	강점(Strength)	약점(Weakness)
기회 (Opportunity)	① 기능의 다양화로 잠재 시장의 수요 창출	② 휴대기기의 대중화에 힘입어 MP3폰의 성능 강화
위협 (Threat)	③ 다양한 기능을 추가한 판매 신장으로 이익 확대	④ 휴대용 기기 보급 확대에 따라 디지털기기와 차별화된 제품 개발

49. 전기차 배터리 제조업체가 실시한 아래 환경 분석결과에 대응하는 전략을 적절하게 분석한 것은 어느 것인가?

강점 (Strength)	−전기차용 전지의 경쟁력 및 인프라 확보 −연구개발 비용 확보
약점 (Weakness)	−핵심, 원천기술의 미비 −높은 국외 생산 의존도로 환율변동에 민감
기회 (Opportunity)	−고유가 시대, 환경규제 강화에 따른 개발 필요성 증대 −새로운 시장 진입에서의 공평한 경쟁
위협 (Threat)	−선진업체의 시장 진입 시도 강화 −전기차 시장의 불확실성 −소재가격 상승

내/외부환경 구분	강점(Strength)	약점(Weakness)
기회 (Opportunity)	① 충분한 개발비용을 이용해 경쟁력 있는 소재 개발	② 환경오염을 우려하는 시대적 분위기에 맞춰 전기차 시장 활성화를 위한 홍보 강화
위협 (Threat)	③ 충전소 건설 및 개인용 충전기 보급을 통해 시장 개척	④ 저개발 지역에 구축한 자사의 설비 인프라를 활용하여 생산기지 국내 이전 시도

50. A제품의 무역업체가 실시한 아래 환경 분석결과에 대응하는 전략을 적절하게 분석한 것은 어느 것인가?

강점 (Strength)	−해외 조직 관리 경험 풍부 −자사 해외 네트워크 및 유통망 다수 확보
약점 (Weakness)	−순환 보직으로 잦은 담당자 교체 −브랜드 이미지 관리에 따른 업무 융통성 부족
기회 (Opportunity)	−현지에서 친숙한 자사 이미지 −현지 정부의 우대 혜택 및 세제 지원 약속
위협 (Threat)	−일본 경쟁업체와의 본격 경쟁체제 돌입 −위안화 환율 불안에 따른 환차손 우려

내/외부환경 구분	강점(Strength)	약점(Weakness)
기회 (Opportunity)	① 세제 혜택을 통하여 환차손 리스크 회피 모색	② 타 해외 조직의 운영 경험을 살려 업무 효율성 벤치마킹
위협 (Threat)	③ 다양한 유통채널을 통하여 경쟁체제 우회 극복	④ 해외 진출 경험으로 축적된 우수 인력 투입으로 업무 누수 방지